安徽省文物考古研究所考古报告专刊

萧 县 金 寨

——皖北新石器时代遗址发掘报告

（下册）

安徽省文物考古研究所
萧 县 博 物 馆 编著

故宫出版社

彩版目录

1. 萧县金寨遗址远景（镜向北）

2. 萧县金寨遗址远景（镜向南）

彩版一　金寨遗址

1. 2016年西区发掘航拍照（镜向西北）

2. 2016年东区发掘航拍照（镜向西）

彩版二　金寨遗址

1. 2016年，安徽省文物局何长风局长到工地指导工作

2. 2016年，安徽省文物考古研究所宫希成副所长、萧县闫旭副县长与发掘队工作人员合影

彩版三　金寨遗址

1. 2016年，安徽省地震局姚大全工程师到发掘现场考察

2. 2016年，栾丰实先生到发掘工地指导工作

彩版四　金寨遗址

1. 靳桂云教授现场指导

2. 2016年，宫希成副所长到发掘工地指导工作

3. 2016年9月全站仪布方，从左至右为黄琦琦、杜康、张铭峻、刘松林、任一龙

彩版五　金寨遗址

1. 2016年，孙升在考古工地进行航拍

2. 2016年，张小雷在工地进行拍照

彩版六　金寨遗址

1. 2016年，赵永生副教授到工地进行人骨鉴定

2. 2016年发掘现场（杜康、张强、陈孔利）

彩版七　金寨遗址

彩版八　金寨遗址2017年发掘区航拍照

1. 2017年北区发掘航拍照（上为西南）

2. 2017年东区发掘航拍照（上为西）

彩版九　金寨遗址

1. 金寨遗址2017年发掘启动仪式

2. 2017年，宋艳波副教授指导全站仪布方

彩版一〇　金寨遗址

1. 2017年，王清刚在东区绘图

2. 2017年考古人员在北区研究房屋基槽（韩启明、史少锋、陈孔利）

彩版一一　金寨遗址

1. 2017年，陈孔利修复陶器

2. 2017年浮选（杨凡）

彩版一二　金寨遗址

1. 2018年1月4日，“萧县金寨遗址考古发掘与保护专家论证会”在萧县召开

2. 2018年1月，栾丰实、宫希成、周润垦、甘恢元到工地指导工作

彩版一三　金寨遗址

1. 2017年北区考古发掘人员合影

2. 2018年考古发掘人员合影

彩版一四　金寨遗址

1. 2018年发掘全景航拍照（镜向北）

2. 2018年发掘全景航拍照（镜向南）

彩版一五　金寨遗址

1. 2018年，贺亚炳工作照

2. 2018年，牛月明（右）、肖雨妮（左）进行人骨鉴定

彩版一六　金寨遗址

1. 2018年发掘现场绘图

2. 2018年考古人员进行修复工作

彩版一七　金寨遗址

1. 陶半圆形器TE16N2④：1

2. 陶半圆形器TE16N2④：1

3. 石锛TE16N2④：2

4. 石锛TE16N2④：2

5. 玉环TE16N1③：1

6. 玉环TE16N1③：1

7. 砺石TE16N1④：3

8. 砺石TE16N1④：5

彩版一八　东区地层出土遗物

1. 砺石TE16S1④：2

2. 圆陶片TE15N2④：1

3. 陶三角形器TE15N2④：2

4. 石斧TE15N2④：3

5. 绿松石扣TE15N2④：4

6. 绿松石扣TE15N2④：4

7. 石锤TE15N2⑤：1

8. 石锤TE15N2⑤：1

彩版一九　东区地层出土遗物

1. 石锛TE15N2⑤：2

2. 砺石TE15N2⑤：3

3. 砺石TE15N2⑥：1

4. 陶纺轮TE15N2⑥：2

5. 砺石TE15N2⑦：1

6. 砺石TE15N2⑦：2

7. 红陶杯TE15N1④：1

8. 红陶杯TE15N1④：1

彩版二〇　东区地层出土遗物

1. 陶器盖TE15S1（东）②：1

2. 砺石TE15S1（东）③：2

3. 砺石TE15S1（西）④：2

4. 陶鼎足TE15S1（东）④：4

5. 陶盆（鼎）TE15S1（东）④：5

6. 陶鼎足TE15S1（东）④：6

7. 陶鼎足TE15S1（东）④：7

8. 砺石TE15S1（东）⑤：3

彩版二一　东区地层出土遗物

1. 石锛TE14N2④：1

2. 石锛TE14N2④：1

3. 砺石TE14N1④：1

4. 陶拍TE14N1④：2

5. 陶拍TE14N1④：2

6. 砺石TE14S1④：1

7. 砺石TE14S1④：2

8. 砺石TE14S1④：2

彩版二二　东区地层出土遗物

1. 砺石TE14S1④：3

2. 砺石TE14S1④：4

3. 砺石TE14S1⑤：1

4. 石锛TE14S1⑥：1

5. 砺石TE14S1⑥：2

6. 石环TE14S1⑦：1

7. 砺石TE14S1⑦：2

8. 砺石TE14S1⑦：2

彩版二三　东区地层出土遗物

1. 砺石TE14S1⑦：3

2. 砺石TE14S1⑦：4

3. 砺石TE14S1⑦：5

4. 砺石TE14S1⑦：6

5. 砺石TE14S1⑦：6

6. 砺石TE14S1⑦：7

7. 石器TE14S1⑦：8

8. 砺石TE14S1⑦：8

彩版二四　东区地层出土遗物

1. 陶丸TE14S1⑧：1

2. 动物陶塑TE14S1⑧：2

3. 动物陶塑TE14S1⑧：2

4. 石锛TE14S1⑧：3

5. 陶纺轮TE14S1⑧：4

6. 砺石TE14S1⑧：5

7. 砺石TE14S1⑧：6

8. 砺石TE14S1⑧：6

彩版二五　东区地层出土遗物

1. 砺石TE14S1⑧：7

2. 砺石TE14S1⑨：1

3. 砺石TE14S1⑨：1

4. 砺石TE14S1⑨：2

5. 砺石TE14S1⑨：2

6. 砺石TE14S1⑨：3

7. 砺石TE14S1⑨：4

8. 砺石TE14S1⑨：5

彩版二六　东区地层出土遗物

1. 砺石TE14S1⑨：6

2. 砺石TE14S1⑩：1

3. 砺石TE14S1⑩：2

4. 砺石TE14S1⑩：3

5. 砺石TE14S2⑧：1

6. 砺石TE14S2⑧：2

7. 砺石TE14S2⑧：3

8. 石片TE14S2⑧：4

彩版二七　东区地层出土遗物

1. 砺石TE14S2⑧：5

2. 石锛TE14S2⑧：6

3. 陶纺轮TE14S2⑧：7

4. 砺石TE14S2⑧：8

5. 砺石TE14S2⑧：9

6. 圆陶片TE14S2⑧：10

7. 砺石TE14S2⑧：11

8. 带孔砺石TE14S2⑧：12

彩版二八　东区地层出土遗物

彩版二九　墓葬区西部（上为北）

1. 墓地布局（镜向西北）

2. 墓葬区西部（上为西北）

彩版三〇　金寨遗址墓地

1. M6

2. M6出土石器

3. 石锛M6：1

4. 石凿M6：2

彩版三一　M6及出土遗物

1. 石锛M6：3

2. 红石块M6：4

3. 石锥M6：5

4. 石锛M6：6

5. 石锛M6：7

6. 红石块M6：8

7. 石凿M6：9

8. 石凿M6：10

彩版三二　M6出土遗物

1. 圈足杯M6：12

2. 杯形尊M6：14

3. 陶罐M6：17

4. 陶壶M6：18

5. 陶罐M6：19

6. 陶壶M6：20

彩版三三　M6出土遗物

1. M7

2. M7墓底棺痕

3. M7：6、7、8出土时情况

彩版三四　M7

1. 陶豆M7：1

2. 陶罐M7：3

3. 砺石M7：4

4. 陶鼎M7：5

5. 陶豆M7：9

6. 陶器盖M7：10

彩版三五　M7出土遗物

1. M8开口

2. M8

彩版三六　M8

1. M8：1～4出土情况

2. M8：7～9出土情况

3. 陶罐M8：2

4. 陶罐M8：2底部小孔

彩版三七　M8及出土遗物

1. 陶豆M8：1

2. 陶豆M8：5

3. 陶罐M8：6

4. 陶钵M8：9

5. 陶鼎M8：10

彩版三八　M8出土遗物

1. M18（上为北）

2. M18：5～7出土情况

3. 陶豆M18：1出土情况

彩版三九　M18

1. 陶罐M18：2

2. 陶钵M18：3

3. 陶鼎M18：7

4. 陶鼎M18：8

5. 陶钵M18：9

6. 陶罐M18：11

彩版四○　M18出土遗物

1. M21（上为南）

2. M24

彩版四一　M21与M24

1. 陶豆M21：1

2. 陶豆M21：2

3. 陶豆M21：3

4. 陶罐M21：4

5. 陶鼎M21：5

6. 陶壶M21：8

7. 陶豆M24：1

8. 陶豆M24：8

彩版四二　M21、M24出土遗物

1. 陶杯形尊M24：11

2. 陶罐M24：14

3. 陶鼎M24：15

4. 陶壶M24：17

5. 陶罐M24：18

6. 陶壶M24：20

7. 陶鬶M24：21

8. 石钺M24：24

彩版四三　M24出土遗物

1. M26清理前

2. M26清理后

3. 陶豆M26：2

4. 陶豆M26：3

彩版四四　M26及出土遗物

1. M27清理前

2. M27一开始清理一半

3. M27清理后

彩版四五　M27

1. M27西北端器物

2. M27东南部器物

3. M27西南端器物

彩版四六　M27遗物出土情况

1. 砺石M27：1

2. 砺石M27：2

3. 砺石M27：3

4. 石锛M27：4

5. 砺石M27：5

6. 砺石M27：6

7. 石锛M27：7

8. 砺石M27：11

彩版四七　M27出土遗物

1. 陶鼎M27：8

2. 陶罐M27：9

3. 陶壶M27：13

4. 陶壶M27：16

5. 陶罐M27：22

6. 陶罐M27：23

7. 陶罐M27：24

8. 陶豆M27：26

彩版四八　M27出土遗物

1. M28清理南半部

2. M28清理完后底部暴露M32～M34

彩版四九　M28

1. M28填土清理完（镜向东）

2. M28填土清理完（镜向南）

彩版五〇　M28

1. M28东北部器物出土情况

2. M28西北部器物出土情况

3. M28西北端器物出土情况

彩版五一　M28器物出土情况

1. M28东南部器物出土情况

2. M28中部脚端器物出土情况

3. M28西南部器物出土情况

彩版五二　M28器物出土情况

1. M28绿松石粒、陶环出土情况

2. M28玉锥形器出土情况

3. M28玉锥形器出土情况

彩版五三　M28器物出土情况

1. 陶豆M28：2

2. 陶尊M28：3

3. 陶豆M28：10

4. 玉锥形器M28：12、13、20、21

5. 陶杯形尊M28：14

6. 陶罐M28：15

8. 陶圈足杯M28：23-1

7. 陶筒形罐M28：19

彩版五四　M28出土遗物

1. 小陶罐M28：26

2. 小陶罐M28：29

3. 陶筒形杯M28：32

4. 陶环M28：33

5. 绿松石粒M28：34～36

6. 陶罐M28：37

7. 陶盉M28：38

8. 陶壶M28：39

彩版五五　M28出土遗物

1. 陶圈足杯M28：40

2. 陶喇叭形罐M28：42

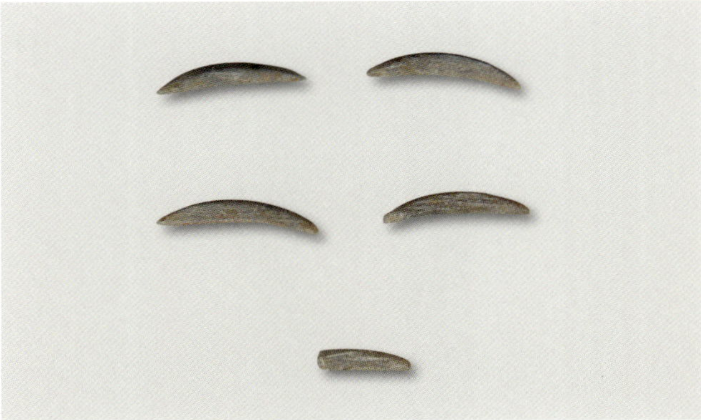

3. 玉月牙形饰M28：43～47

4. 玉圆形饰M28：48～50

5. 陶器盖M28：51

6. 陶器盖M28：55

7. 陶壶M28：56

8. 陶盂形杯M28：60

彩版五六　M28出土遗物

1. 陶盂形杯M28：62

2. 小陶罐M28：63

3. 小陶罐M28：64

4. 小陶罐M28：68

5. 陶器盖、陶尊M28：69、70

6. 陶器盖M28：71

7. 陶尊M28：72

8. 陶器盖M28：73

彩版五七　M28出土遗物

1. 陶罐M28：74

2. 陶圈足杯M28：77

3. 陶圈足杯M28：80

4. 小陶罐M28：81

5. 陶盂形杯M28：82

6. 小陶罐M28：83

7. 陶器盖M28：84

8. 陶罐M28：85

彩版五八　M28出土遗物

1. 小陶罐M28：86

2. 陶圈足杯M28：87

3. 陶壶M28：89

4. 陶器盖、陶罐M28：90、91

5. 陶器盖M28：94、陶盆M28：95

6. 陶器盖M28：96

彩版五九　M28出土遗物

1. 陶壶M28：99

2. 陶盆M28：100

3. 陶器盖M28：101

4. 陶罐形鼎M28：106

5. 陶杯形尊M28：107

6. 陶钵M28：113

彩版六〇　M28出土遗物

1. 陶壶形鼎M28：109

2. 陶杯形尊M28：111

3. 陶盉M28：114

4. 陶单耳盆M28：115

5. 陶壶形鼎M28：116

6. 陶鬶M28：117

彩版六一　M28出土遗物

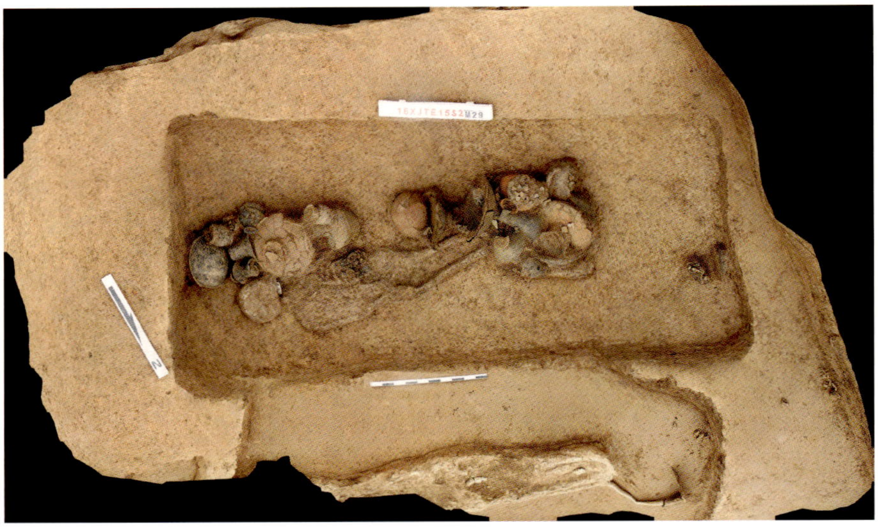

1. M29

2. M29玉三联璧出土情况

3. M29东部器物出土情况

彩版六二　M29及器物出土情况

1. 玉三联璧M29：1

2. 陶豆形壶M29：5

3. 陶器盖M29：7、陶盂形杯M29：8

4. 陶壶M29：10

5. 陶杯形尊M29：11

6. 陶壶M29：12

彩版六三　M29出土遗物

1. 陶罐M29：14

2. 陶豆M29：17

3. 陶器盖M29：18

4. 陶壶M29：21

5. 陶盆M29：24

6. 陶鼎M29：27

彩版六四　M29出土遗物

1. M30开口时

2. M30

3. 陶鼎M30：1

4. 陶器盖M30：5、陶鼎M30：2

5. 陶罐M30：3

彩版六五　M30及出土遗物

1. M31清理后

2. M32清理前

3. M32清理后

彩版六六　M31、M32

1. M32出土骨器

3. 骨器M32：1（侧面）

2. M32出土陶豆

4. 骨器M32：1（正面）

5. 骨器M32：1（背面）

彩版六七　M32及出土遗物

1. M33

2. M33西部器物出土情况

3. M33东南部器物出土情况

彩版六八　M33及器物出土情况

1. 绿松石坠M33：1

2. 陶豆M33：2

3. 陶杯M33：8

4. 陶豆M33：9

5. 陶罐M33：11

6. 陶器盖M33：16、陶双鼻壶M33：15

7. 陶器盖M33：16

8. 陶器盖M33：18

彩版六九　M33出土遗物

1. M34清理前

2. M34

3. M34器物出土情况

4. 砺石M34：1

5. 砺石M34：2

6. 陶器盖M34：3

彩版七〇　M34及出土遗物

1. 陶罐M34：4

2. 陶鼎M34：5

3. 陶豆M34：7

4. 陶豆M34：8

5. 陶豆M34：9

6. 陶豆M34：10

彩版七一　M34出土遗物

1. M46初露情况

3. M46随葬品

2. M46扩方完成情况

4. M46玉璜、小玉璧出土情况

5. M46耳珰出土情况

彩版七二　M46及器物出土情况

1. 绿松石坠M46：1

2. 陶耳珰M46：2

3. 陶耳珰M46：2

4. 玉璜M46：3

5. 玉璜M46：3

6. 小玉璧M46：4

7. 小玉璧M46：4

8. 陶耳珰M46：6

彩版七三　M46出土遗物

1. 玉璜M46：5

2. 玉璜M46：5

3. 陶背壶M46：7

4. 陶背壶M46：7

5. 陶豆M46：9

6. 陶豆M46：10

7. 陶豆M46：15

彩版七四　M46出土遗物

1. M47

2. 陶豆M47：5

3. 陶钵M47：6

4. M48清理后

5. M48玉器出土情况

6. 玉坠M48：1

7. 玉坠M48：2

8. 玉珠M48：3

彩版七五　M47、M48及出土遗物

1. M52器物初露时编为灰坑

2. M52

3. M52玉器出土情况

彩版七六　M52

1. M52西端上部器物清理后

2. M52西端下排器物

3. M52器物（西）

4. M52器物（中）

彩版七七　M52器物出土情况

1. 陶壶M52：7

2. 陶壶M52：8

3. 陶罐M52：9

4. 牙璧M52：14

5. 牙璧M52：14

6. 陶器盖M52：15

彩版七八　M52出土遗物

1. M53解剖发掘南半部

2. M53（镜向南）

3. M53镜像（北）

4. M53石环出土情况

5. M53玉耳珰出土情况

6. M53陶环出土情况

彩版七九　M53及器物出土情况

1. M53随葬品（东南部）

2. M53随葬品（东南部）

3. M53随葬品（西南部）

彩版八〇　M53器物出土情况

1. 玉耳珰M53：1

2. 玉管M53：2

3. 石环M53：5

4. 石环M53：6

5. 砺石M53：7

6. 陶鼎M53：30

7. 陶罐M53：31

8. 陶罐M53：36

9. 玉耳珰M53：40

彩版八一　M53出土遗物

1. M54

2. M54绿松石坠出土情况

3. M54石粒出土情况

4. M54随葬品

5. M54玉珠出土情况

6. 石锛M54：1

彩版八二　M54及器物出土情况

1. 玉管M54：2

2. 陶罐M54：3

3. 砺石M54：8

4. 陶豆M54：9

5. 陶豆M54：10

6. 砺石M54：14

7. 绿松石坠M54：18

8. 石粒M54：21

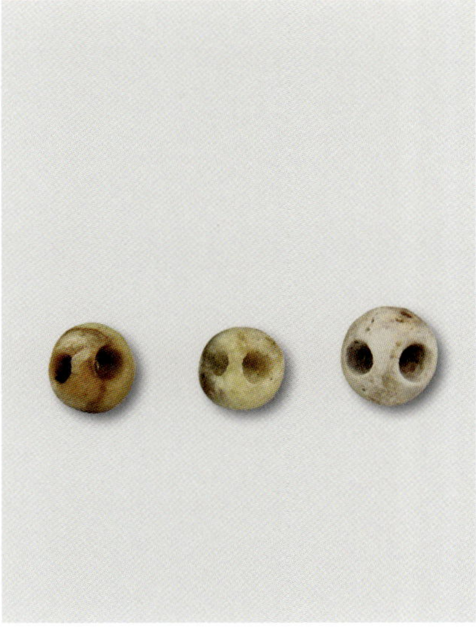

9. 玉珠M54：23、22、20

彩版八三　M54出土遗物

1. M55初露时

2. M55头端随葬品出土情况

3. M55随葬品（西北部）

4. M55绿松石耳坠出土情况

彩版八四　M55及器物出土情况

1. 绿松石坠M55：1～3

2. 陶豆M55：4

3. 陶鼎M55：6

4. 陶鼎M55：12

5. 陶耳珰M55：14

6. 陶耳珰M55：14

彩版八五　M55出土遗物

1. M57开口情况

2. M57

3. M57随葬品（西部）

4. 绿松石片M57：1

5. 绿松石片M57：2

6. 陶豆M57：4

彩版八六　M57及出土遗物

1. 陶杯M57：3

2. 陶鼎M57：5

3. 陶豆M57：7

4. 陶豆M57：8

5. 陶鼎M57：12

6. 陶壶M57：13

7. 陶豆M57：14

8. 陶壶M57：15

9. 陶罐M57：16

彩版八七　M57出土遗物

1. M58

2. M58随葬品（东部）

3. M58随葬品（东南部）

彩版八八　M58及器物出土情况

1. M58玉璜出土情况

2. M58玉指环出土情况

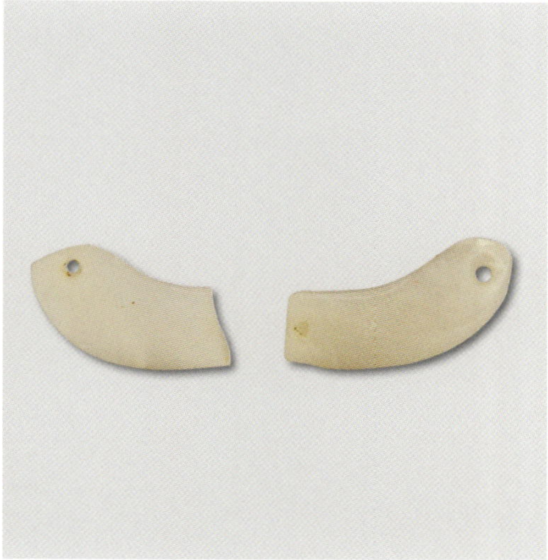

3. 玉璜M58：1

4. 玉指环M58：2

5. 陶罐M58：5

彩版八九　M58及出土遗物

1. 陶壶M58：3

2. 陶杯形尊M58：7

3. 陶杯M58：8

4. 陶背壶M58：10

5. 陶双鼻壶M58：17

6. 陶罐M58：20

7. 砺石M58：24

8. 陶盆M58：26

9. 陶壶M58：27

彩版九〇　M58出土遗物

1. M59

3. 玉璜M59：1、2

2. M59玉璜出土情况

4. 石锛M59：3

5. 砺石M59：5

6. 陶罐M59：10

7. 陶鼎M59：12

彩版九一　M59及出土遗物

1. M60

2. M60随葬品（东端）

3. M60随葬品（西部）

彩版九二　M60及出土遗物

1. 陶长颈壶M60：3

2. 陶罐M60：5

3. 陶豆M60：6

4. 陶杯形尊M60：7

5. 陶壶M60：9

6. 陶豆M60：11

7. 陶豆M60：12

8. 陶豆M60：13

9. 陶罐M60：15

彩版九三　M60出土遗物

1. M61开口情况

2. M61

3. M61随葬器物（东部）

4. M61随葬器物（中西部）

5. 陶圈足杯M61：1

6. 陶壶M61：9

7. 小陶罐M61：11

8. 陶鬶M61：12

彩版九四　M61及出土遗物

1. M62开口情况

2. M62

3. 双鼻壶M62：18出土情况

4. M62北侧人骨玉串饰出土情况

彩版九五　M62及器物出土情况

1. 绿松石坠M62：2

2. 绿松石坠M62：3

3. 小玉片M62：6

4. 小玉片M62：7

5. 玉璜M62：8、9

6. 陶罐M62：10

7. 陶壶M62：11

8. 陶豆M62：12

彩版九六　M62出土遗物

1. 陶背壶M62：13

2. 陶背壶M62：13

3. 陶背壶M62：13肩部刻划

4. 陶罐M62：14

5. 陶背壶M62：16

6. 小玉片M62：19

彩版九七　M62出土遗物

1. M63

2. M63器物出土情况

3. 陶豆M63：2

4. 陶壶M63：4

5.陶罐M63：1

彩版九八　M63及出土遗物

1. M64初露时

2. M64

3. M64玉环、绿松石坠出土情况

4. M64玉环、玉璜出土情况

5. M64器物提取后人骨

彩版九九　M64及器物出土情况

1. M64随葬器物

2. M64随葬器物（东南部）

3. M64随葬器物（西南部）

彩版一〇〇　M64及出土遗物

1. 玉环M64：1

2. 绿松石坠M64：2

3. 绿松石坠M64：3

4. 玉环M64：4

5. 玉珠M64：5-1～6

6. 陶耳珰M64：6

7. 小玉管M64：7-1、2

8. 玉管M64：8-1～4

彩版一〇一　M64出土遗物

1. 玉珠M64：9

2. 玉环M64：10

3. 玉管M64：27

4. 绿松石坠M64：41

5. 玉环M64：46

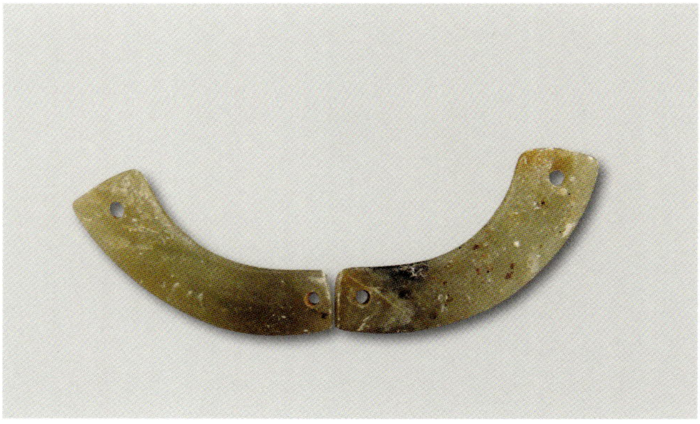

6. 玉璜M64：47

7. 玉管M64：52

彩版一〇二　M64出土遗物

1. 陶豆M64：13

2. 陶罐M64：14

3. 陶鼎M64：17

4. 陶罐M64：18

5. 陶缸M64：20

6. 陶盆M64：22

彩版一〇三　M64出土遗物

1. 陶盆M64：23

2. 陶鼎M64：37

3. 陶背壶M64：39

4. 陶双鼻壶M64：48

5. 陶罐M64：55

6. 陶盆M64：56

彩版一〇四　M64出土遗物

1. M65

2. M66初露时

3. M66

4. 陶豆M66：3

5. 陶壶M66：5

彩版一〇五　M65、M66及出土遗物

1. M67

2. M67小玉珠出土情况

3. M67玉坠出土

4. 绿松石坠M67：1

5. 玉坠M67：2

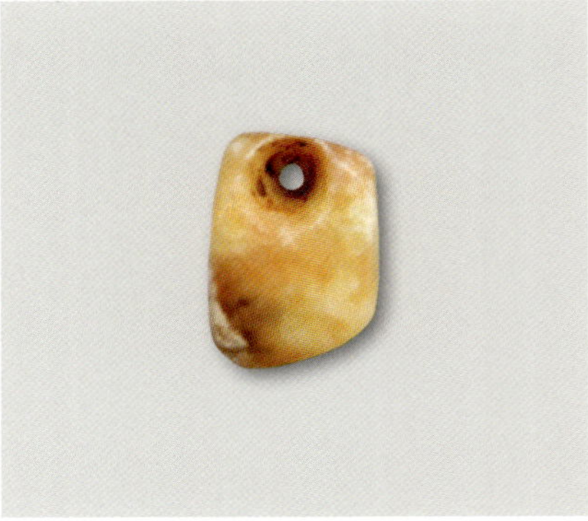

6. 玉坠M67：3

彩版一〇六　M67及出土遗物

1. 陶背壶M67：8

2. 陶罐M67：9

3. 陶豆M67：12

4. 陶罐M67：14

5. 陶器盖M67：15

6. 陶罐M67：17

彩版一〇七　M67出土遗物

1. M68

3. 陶鼎M68：4

4. 陶背壶M68：5

2. M68随葬品

5. 陶钵M68：8

彩版一〇八　M68及出土遗物

1. M69初露时

2. M69

3. M69随葬品

彩版一〇九　M69

1. M69随葬品（东部）

2. M69随葬品（西北部）

3. M69随葬品（西南部）

4. M69石钺出土情况

5. M69石钺背面漆痕

彩版一一〇　M69器物出土情况

1. 绿松石坠M69：1

2. 绿松石坠M69：3

3. 石钺M69：2

4. 陶壶M69：4

5. 陶钵M69：11

6. 陶壶M69：13

彩版一一一　M69出土遗物

1. 陶背壶M69：17

2. 陶背壶M69：20

3. 陶豆M69：24

4. 陶圈足杯M69：26

5. 陶豆M69：30

6. 陶鼎M69：35

彩版一一二　M69出土遗物

1. M70

2. M70随葬品

3. M70随葬品（西半部）

4. M70玉环出土情况

彩版一一三　M70及器物出土情况

1. 玉环M70：1

2. 陶豆M70：2

3. 陶鬶M70：11

4. 陶罐M70：13

5. 陶壶M70：14

6. M71初露时

7. M71墓葬图

彩版一一四　M70、M71及出土遗物

1. M72

2. M72随葬品（东部）

3. M72随葬品（西部）

4. M72中部器物出土情况

彩版一一五　M72及器物出土情况

1. 陶豆M72：2

2. 陶豆M72：3

3. 陶鬶M72：6

4. 陶罐M72：7

5. 陶背壶M72：9

彩版一一六　M72出土遗物

1. M73初露时

2. M73

3. M73随葬品（西部）

4. M73随葬品（东部）

彩版一一七　M73

1. 石锛M73：1

2. 陶鼎M73：5

3. 陶钵M73：7

4. 陶钵M73：9

5. 陶罐M73：10

6. 陶豆M73：14

7. 陶背壶M73：15

8. 陶豆M73：22

9. 陶钵M73：20

10. 陶豆M73：24

彩版一一八　M73出土遗物

1. M74初露时

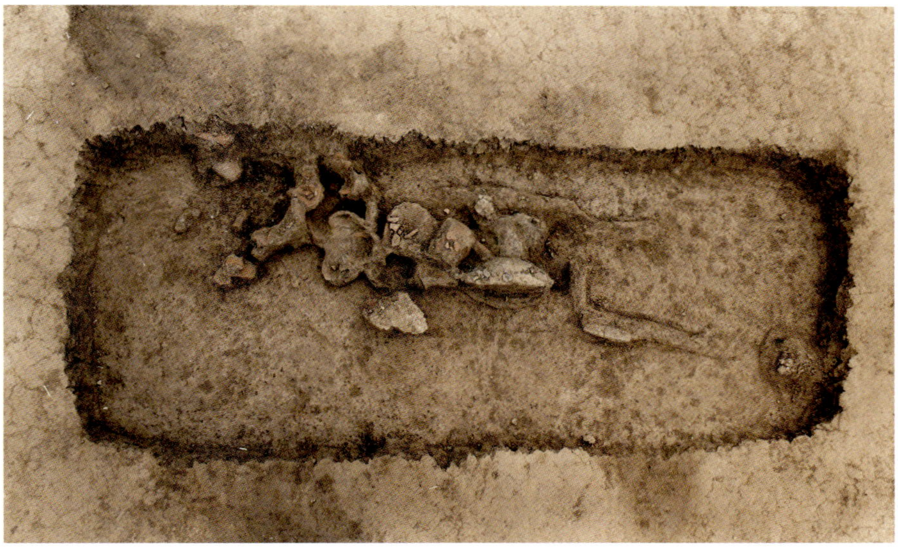

2. M74

3. 陶器盖M74：5

4. 砺石M74：8

彩版一一九　M74及出土遗物

1. M75初露时

2. M75

3. M75随葬品（西部）

4. M75随葬品（东部）

5. M75随葬品（中部）

彩版一二〇　M75

1. 陶鼎M75：1

2. 陶圈足罐M75：5

3. 陶豆M75：9

4. 陶鼎M75：10

5. 陶豆M75：13

6. 陶器盖M75：14

7. 陶器盖M75：15

彩版一二一　M75出土遗物

1. M76发现时

2. M76

3. M76随葬品（东）

4. M76随葬品（西）

5. 陶豆M76：1

6. 陶杯M76：4

7. 陶壶M76：7

彩版一二二　M76及出土遗物

1. 陶鬶M76：10

2. 陶杯M76：13

3. 陶背壶M76：14

4. 陶罐M76：18

5. 陶壶M76：19

6. 陶盆M76：20

彩版一二三　M76出土遗物

1. M77初露时

2. M77

3. M77（东部）

4. M77（西部）

5. M77器物取掉后人骨情况

6. 陶罐M77：2

7. 陶杯M77：5

8. 陶豆M77：6

9. 小陶罐M77：8

彩版一二四　M77及出土遗物

1. M78

2. M78随葬品（东部）

3. M78随葬品（西）

4. 陶罐M78：5

5. 陶器盖M78：6

6. 陶壶M78：7

7. 陶豆M78：10

彩版一二五　M78及出土遗物

1. M79初露时

2. M79

3. 石锛M79：2

4. 砺石M79：3

彩版一二六　M79及出土遗物

1. M80

2. M80随葬品

3. 陶钵M80：1

4. 陶钵M80：2

5. 陶豆M80：4

6. 陶器盖M80：10

7. 陶鼎M80：11

彩版一二七　M80及出土遗物

1. M81初露时

2. M81

3. M81随葬品（东）

4. M81随葬品（西部）

彩版一二八　M81及出土遗物

1. 陶豆M81：5

2. 陶豆M81：6

3. 陶罐M81：8

4. 陶钵M81：9

5. 陶钵M81：10

6. 陶背壶M81：13

7. 兽形小罐M81：16

8. 兽形小罐M81：16

彩版一二九　M81出土遗物

1. M82

2. M82头骨穿孔

3. 陶圈足杯M82：1

4. 陶圈足杯M82：2

5. 陶豆M82：4

6. 陶豆M82：6

彩版一三〇　M82及出土遗物

1. M83

2. M83随葬品（东）

3. 陶罐M83：1

4. 陶豆M83：3

5. 陶圈足杯M83：4

6. 陶杯M83：6

彩版一三一　M83及出土遗物

1. M84初露时

2. M84

3. M84随葬品（中部）

彩版一三二　M84

1. 陶壶M84：1

2. 陶豆M84：2

3. 陶豆M84：3

4. 陶豆M84：7

5. 陶豆M84：8

6. 陶器盖M84：9、陶鼎M84：11

彩版一三三　M84出土遗物

1. 陶鬶M84：10

2. 陶鬶M84：10

3. 陶鼎M84：14

4. 小陶罐M84：17

5. 陶杯M84：19

6. 小陶壶M84：18

彩版一三四　M84出土遗物

1. M85初露时

2. M85

3. M85中部随葬品特写

4. 陶壶M85：1

5. 陶罐M85：3

彩版一三五　M85及出土遗物

1. M86

2. M86随葬品

3. M86玉管出土时情况

4. M86随葬品（西部）

5. 玉管M86：1-1、2

彩版一三六　M86及出土遗物

1. 陶罐M86：3

2. 陶鼎M86：4

3. 陶船形壶M86：6

4. 陶船形壶M86：6

5. 陶豆M86：7

6. 陶豆M86：8

彩版一三七　M86出土遗物

1. M87初露时

2. M87

彩版一三八　M87

1. M87随葬品出土情况

2. M87小陶杯出土情况

彩版一三九　M87器物出土情况

1. 陶杯M87：3

2. 陶圈足杯M87：4

3. 陶圈足杯M87：6

4. 陶壶M87：9

5. 陶壶形鼎M87：11

6. 陶杯形尊M87：13

彩版一四〇　M87出土遗物

1. 陶豆M87：15

2. 陶背壶M87：16

3. 带盖陶罐M87：17

4. 陶圈足杯M87：18

5. 陶杯M87：20

6. 陶壶M87：21

彩版一四一　M87出土遗物

1. 陶盆M87：22

2. 陶豆M87：24

3. 陶壶M87：26

4. 陶壶M87：27

5. 陶罐M87：28

6. 陶壶M87：29

彩版一四二　M87出土遗物

1. 带盖陶鼎M87：30

2. 陶壶M87：32

3. 陶圈足杯M87：34

4. 陶壶M87：37

5. 陶圈足杯M87：41

6. 陶豆M87：43

彩版一四三　M87出土遗物

1. 陶圈足杯M87：46

2. 陶圈足杯M87：47

3. 陶圈足杯M87：48

4. 陶圈足杯M87：49

5. 陶圈足杯M87：51

6. 陶圈足杯M87：53

7. 薄胎彩陶杯M87：54

8. 薄胎彩陶杯M87：54

彩版一四四　M87出土遗物

1. M1（镜向南）

2. M2（俯视北）

3. 陶罐形鼎M2：2

彩版一四五　M1、M2及出土遗物

1. M5（南俯视）

2. M9

3. 陶鼎M9：1

彩版一四六　M5、M9及出土遗物

1. M10

2. M11

彩版一四七　M10、M11

1. M12初露时

3. M12陶器

2. M12

彩版一四八　M12

1. M13

2. 陶鼎M13：1

3. 陶鼎M13：2

彩版一四九　M13及出土遗物

1. M14～M16扩方前

2. M14

3. M15

4. M16

彩版一五〇　M14~M16

1. M17

2. M19

彩版一五一　M17、M19

1. M20发掘前

2. M20清理后

3. 陶钵M20：1

彩版一五二　M20及出土遗物

1. M23发掘前

2. M23清理后

3. M23出土陶鼎

彩版一五三　M23及出土遗物

1. M35

2. M36

3. M38

4. 陶鼎M38：1

彩版一五四　M35、M36、M38及出土遗物

1. M39

2. 陶鼎M39：1

3. M40清理后

彩版一五五　M39、M40及出土遗物

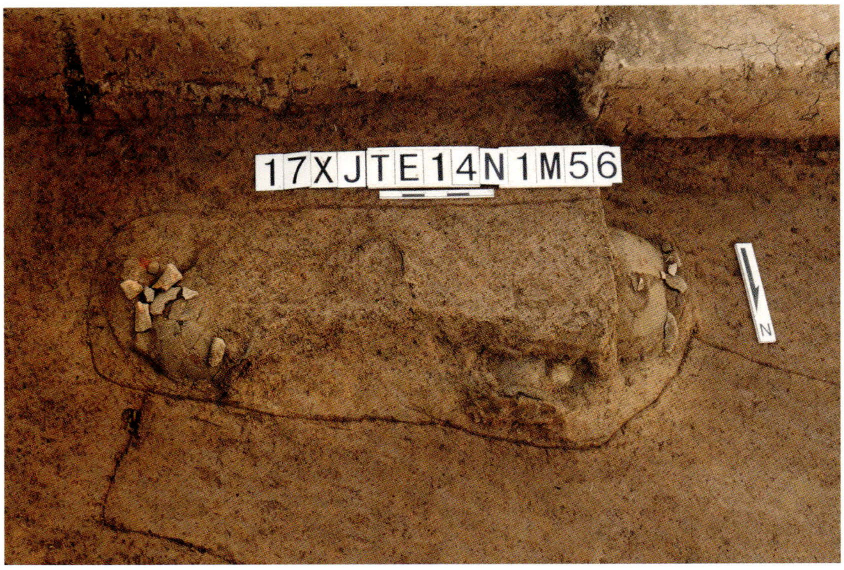

1. M56清理前（打破M57）

2. M56清理后

3. 陶鼎M56：1

彩版一五六　M56及出土遗物

1. F1发掘中（镜向东南）

2. F1基槽清理后（镜向南）

3. 石刀F1：1

彩版一五七　F1及出土遗物

1. F2柱洞清理前（镜向北）

2. F2柱洞清理后（镜向西北）

3. F2柱洞ZD5内陶鼎

彩版一五八　F2

1. F3柱洞基槽清理前（镜向北）

2. F3柱洞清理中（镜向北）

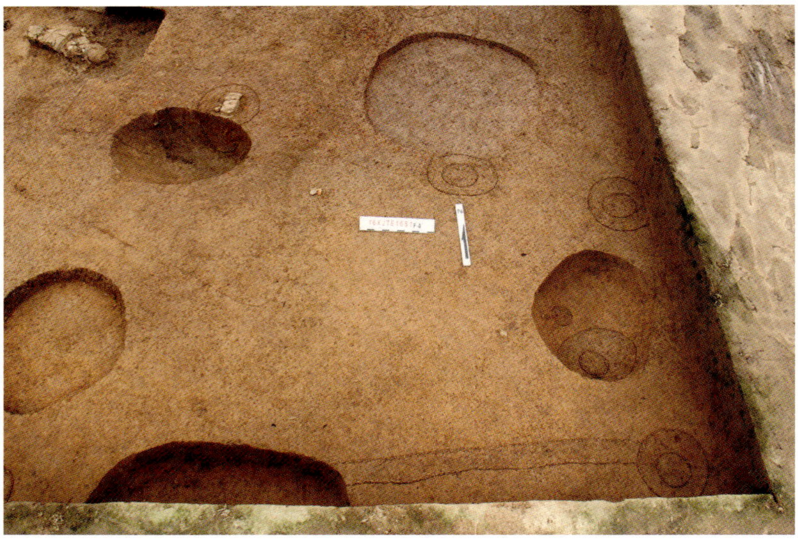

1. F4柱洞清理前（镜向北）

2. F4柱洞清理后（镜向北）

3. F4垫土及柱洞（镜向南）

彩版一六〇　F4

1. F5发掘前（镜向东）

2. F5发掘中（镜向东）

彩版一六一　F5

1. H1发掘后（镜向西北）

2. H1出土器物

彩版一六二　H1

1. 石凿H1①：1

2. 砺石H1①：2

3. 砺石H1②：3

4. 砺石H1②：4

5. 砺石H1②：5

6. 砺石H1②：6

7. 陶罐口沿H1②：7

8. 陶鼎足H1③：8

彩版一六三　H1出土遗物

1. 陶箅H1④：10

2. 陶纺轮H1：11

3. 砺石H1：12

4. 砺石H1：13

5. 砺石H1：14

6. 砺石H1：15

7. 砺石H1：16

8. 砺石H1：17

彩版一六四　H1出土遗物

1. H2

2. H3（镜向东南）

彩版一六五　H2、H3

1. H4发掘后（俯视）

2. H5发掘中（俯视）

3. 砺石H5：1

4. 砺石H5：2

彩版一六六　H4、H5及出土遗物

1. H6发掘中（俯视）

2. H6发掘后（俯视）

3. 砺石H6①：1出土时

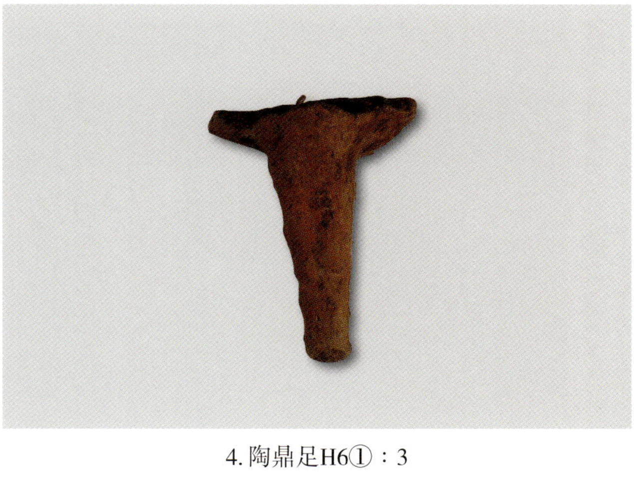

4. 陶鼎足H6①：3

彩版一六七　H6及出土遗物

1. H7发掘前剖面（镜向东北）

2. H7发掘后剖面（镜向北）

3. 石镞H7①：1

4. 陶鼎足H7①：3

彩版一六八　H7及出土遗物

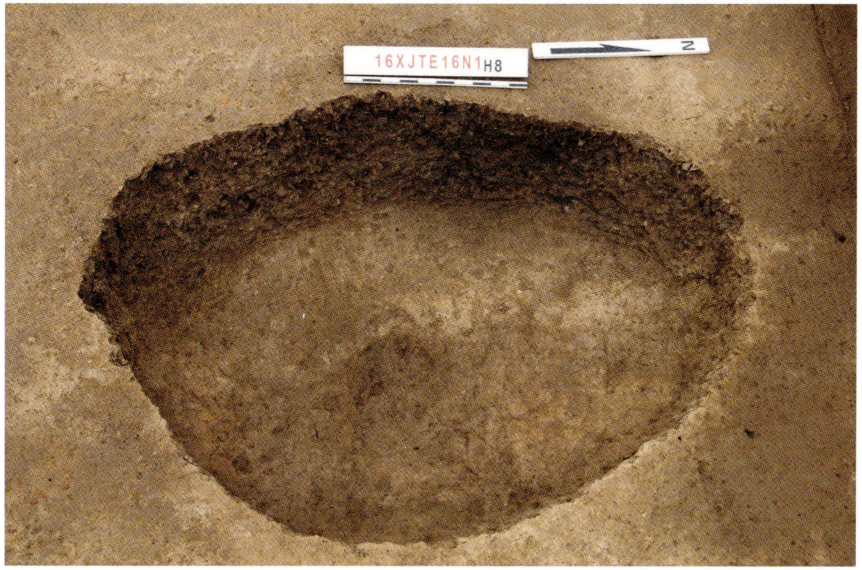

1. H8

2. H8出土陶片

3. H9（扩方后）

4. H9出土陶片

彩版一六九　H8、H9及出土遗物

1. H10

2. H11

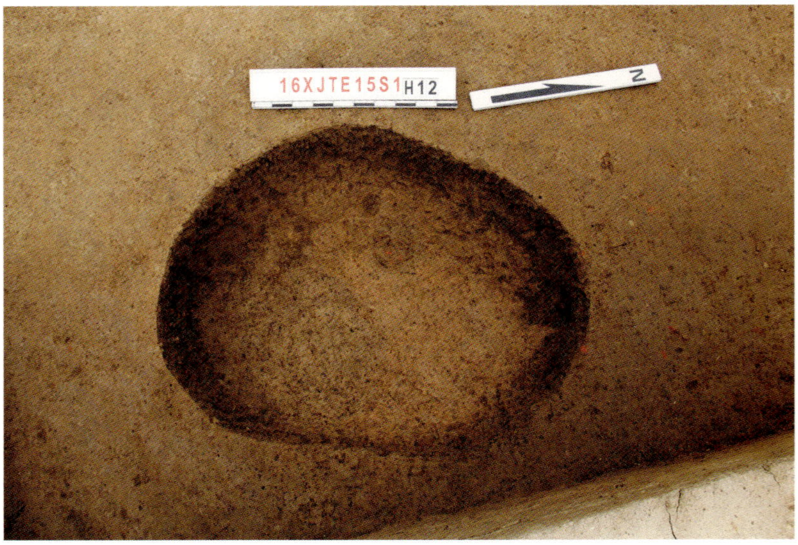

3. H12

彩版一七〇　H10~H12

1. H13

2. H15发掘前

3. H15发掘后

彩版一七一　H13、H15出土遗物

1. H15第1层出土陶片

2. H15第2层出土陶片

3. H15第3层出土陶片

4. H15第4层出土陶片

5. H15第5层出土陶片

6. 砺石H15⑤：2

7. 陶罐H15④：3

8. 陶纺轮H15①：4

彩版一七二　H15出土遗物

1. H16

2. H17

3. H18发掘中

彩版一七三　H16~H18

1. H19

2. H20

3. H21

4. 砺石H20：1

彩版一七四　H19~H21及出土遗物

1. H22

2. H23

3. H24发掘中

4. 砺石H24：1

彩版一七五　H22~H24及出土遗物

1. H25

2. H25出土陶片

3. H26

4. 鼎足H26：1

彩版一七六　H25、H26及出土遗物

1. H27

2. H28

3. H29

彩版一七七　H27~H29

1. H30

2. H31

3. H32开口照

彩版一七八　H30～H32

1. H33

2. H34

3. H35

彩版一七九　H33~H35

1. H36

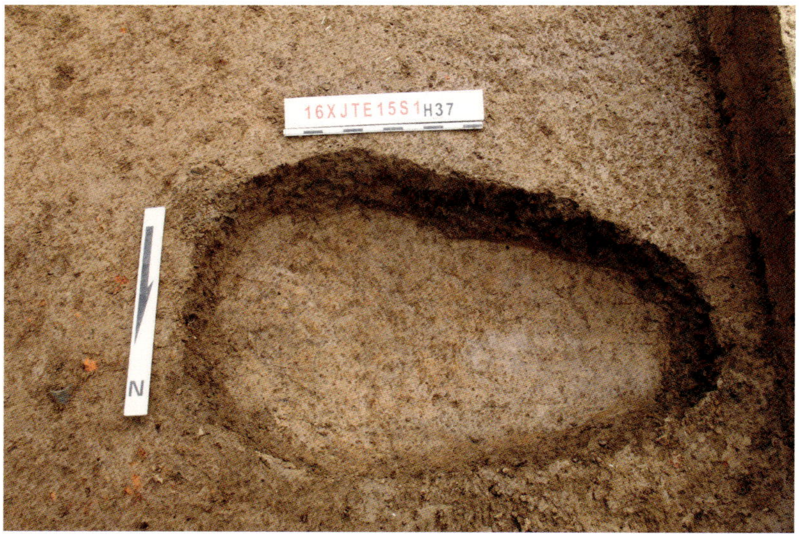

2. H37

3. H38

4. 鼎足H37：1

彩版一八○　H36~H38及出土遗物

1. H39

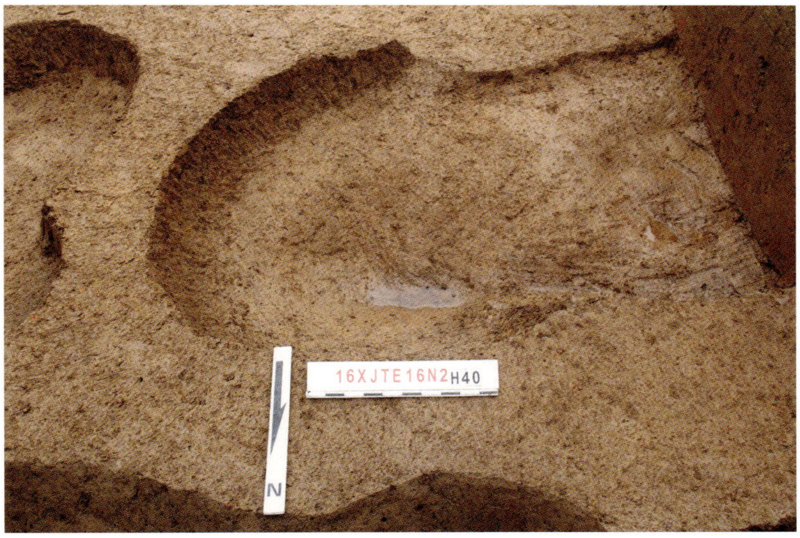

2. H40

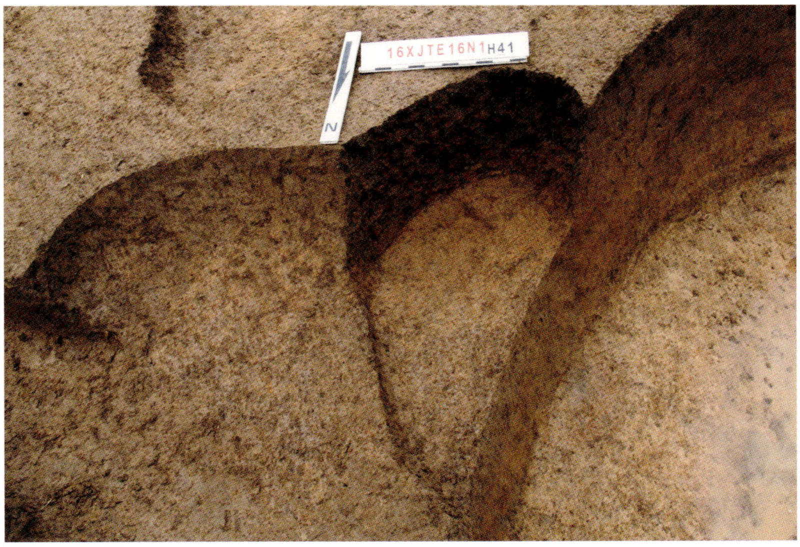

3. H41

彩版一八一　H39~H41

1. H42发掘中

2. H42采样

3. H42采样

彩版一八二　H42

1. H42清理后

2. H42坑底出土陶鼎

3. H42坑底出土陶罐

彩版一八三　H42

1. 石环H42：2

2. 骨锥形器H42⑤：3

3. 陶支座H42：4

4. 陶纺轮H42：6

5. 陶鼎H42⑤：5

6. 砺石H42：11

7. 砺石H42：12

8. 砺石H42：21

彩版一八四　H42出土遗物

1. 陶鼎足H42②：32

2. 陶罐H42③：34

3. 陶罐H42③：36

4. 陶杯H42④：39

5. 陶罐H42⑤：42

6. 陶鼎足H42②：33

彩版一八五　H42出土遗物

1. H44

2. H45

3. 砺石H45：1

4. 石钻H45：2

5. 陶鼎足H45：4

6. 陶鼎足H45：5

彩版一八六　H44、H45及出土遗物

1. H46

2. H47开口照

3. H47

4. 石锛H47：2

彩版一八七　H46、H47及出土遗物

1. H48

2. H48出土陶片

3. H49

彩版一八八　H48、H49及出土遗物

1. H50发掘前远照

2. H51

3. H53

4. H55

彩版一八九　H50、H51、H53、H55

1. H56清理中

2. H56出土鼎足

3. 石球H56：2

4. 陶罐H56：5

5. H57

6. 陶鼎足H57：1

彩版一九〇　H56、H57及出土遗物

1. H58

2. H59

3. H60

4. 砺石H58：1

5. 砺石H58：2

彩版一九一　H58~H60及出土遗物

1. H61

2. H61剖面

3. 砺石H61①：1

4. 砺石H61①：2

5. 砺石H61③：3

6. 砺石H61③：4

7. 砺石H61③：5

8. 砺石H61③：6

彩版一九二　H61及出土遗物

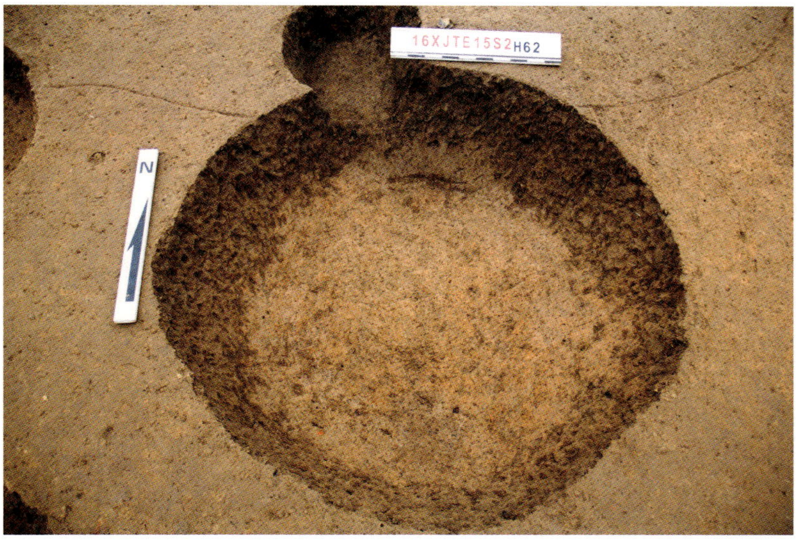

1. H62

2. H63

4. 石镞H64：2

3. H64

5. 陶纺轮H64：3

彩版一九三　H62～H64及出土遗物

1. H65

2. H65第1层出土器物

3. H65第2层出土器物

彩版一九四　H65及出土遗物

1. 骨器H65：1

2. 砺石H65①：2

3. 砺石H65①：3

4. 陶碗底H65①：4

5. 陶鼎足H65①：7

6. 陶盆H65②：9

7. 陶罐H65②：10

8. 陶罐H65②：13

彩版一九五　H65出土遗物

1. H66

2. 砺石H66：1

3. H68

4. H68出土器物

彩版一九六　H66、H68及出土遗物

1. H69

2. H70

3. H71

彩版一九七　H69~H71

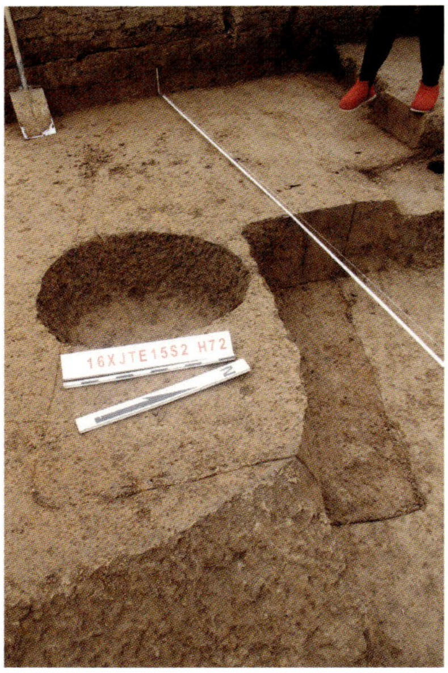

1. H72与M34关系

2. H73

3. H77

4. 砺石H77：1

5. 砺石H77：2

彩版一九八　H72、H73、H77及出土遗物

1. H78

2. 砺石H78：1

3. 陶纺轮H78：2

4. 砺石H78：3

5. 砺石H78：4

6. 砺石H78：6

7. 砺石H78：7

8. 砺石H78：8

9. 砺石H78：9

10. 砺石H78：5

彩版一九九　H78及出土遗物

1. H79

2. 砺石H79：1

3. 有孔砺石H79：2

4. 砺石H79：3

5. 砺石H79：4

6. 砺石H79：5

7. 石斧H79：11

8. 砺石H79：21

9. 砺石H79：23

10. 砺石H79：24

彩版二〇〇　H79及出土遗物

1. H82清理后

2. H83清理前

3. H83清理后

彩版二〇一　H82、H83

1. H98

2. 石锛H98：1

3. 陶豆圈足H98：2

4. 陶豆圈足H98：3

5. H99

彩版二〇二　H98、H99及出土遗物

1. H100

2. H101

3. 玉锥形器H101：1

4. 砺石H101：2

5. 砺石H101：3

6. 砺石H101：4

彩版二〇三　H100、H101及出土遗物

1. H102

2. 陶豆柄H102：5

3. 陶盆口沿H102：6

4. 陶盆口沿H102：7

5. 陶带流器H102：8

6. 陶带流器H102：8

7. 陶鼎足H102：10

彩版二〇四　H102及出土遗物

1. H103

2. H104

3. 陶流口H104：1

4. H105

5. 砺石H105：1

6. H106清理后

7. 陶鼎足H106：1

8. H108清理后

彩版二〇五　H103～H106、H108及出土遗物

1. H109清理中

2. H109 清理中

3. H109近底部

4. H109清理后

5. 陶鼎H109：1

6. 石刀H109：2

彩版二〇六　H109及出土遗物

1. H110清理前

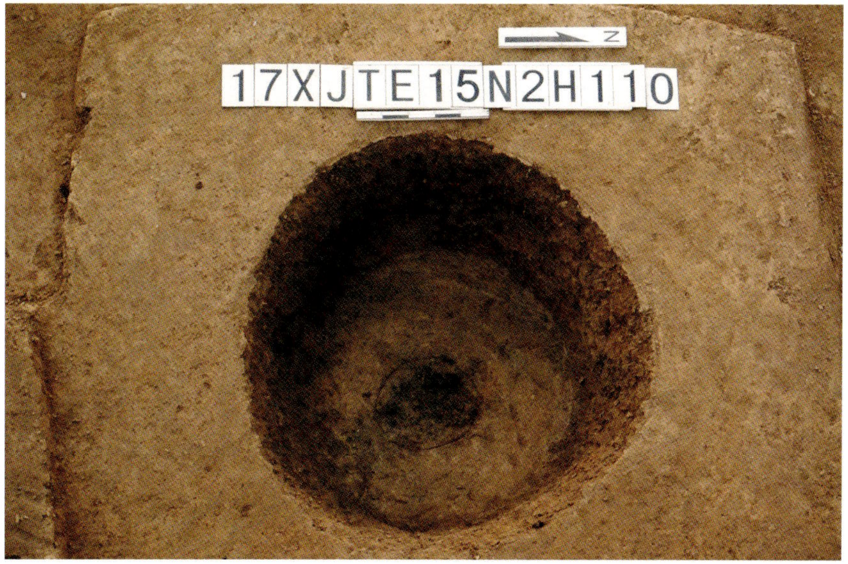

2. H110清理中

3. H110底部草木灰

4. H110清理后

彩版二〇七　H110

1. H121

2. H123

3. H125

彩版二〇八　H121、H123、H125

1. H132清理前

2. H132清理后

3. 陶纺轮H132：1

4. 砺石H132：2

5. 砺石H132：3

彩版二〇九　H132及出土遗物

1. H133清理后

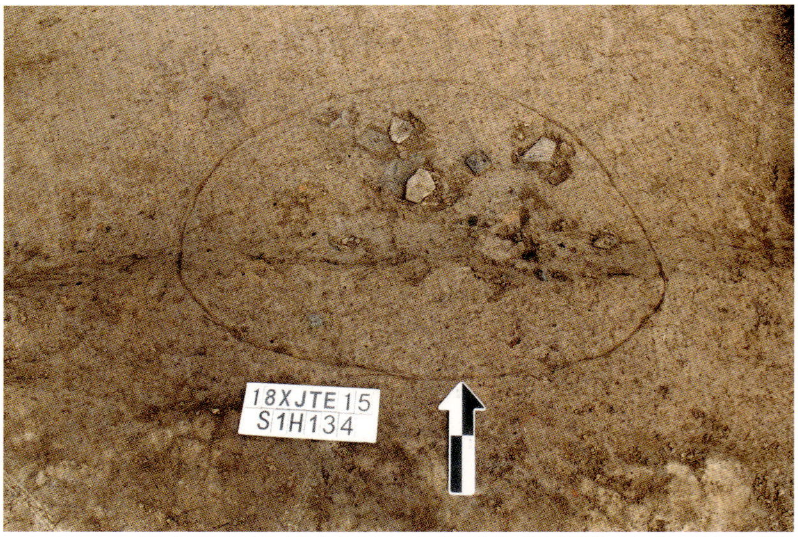

2. H134清理中

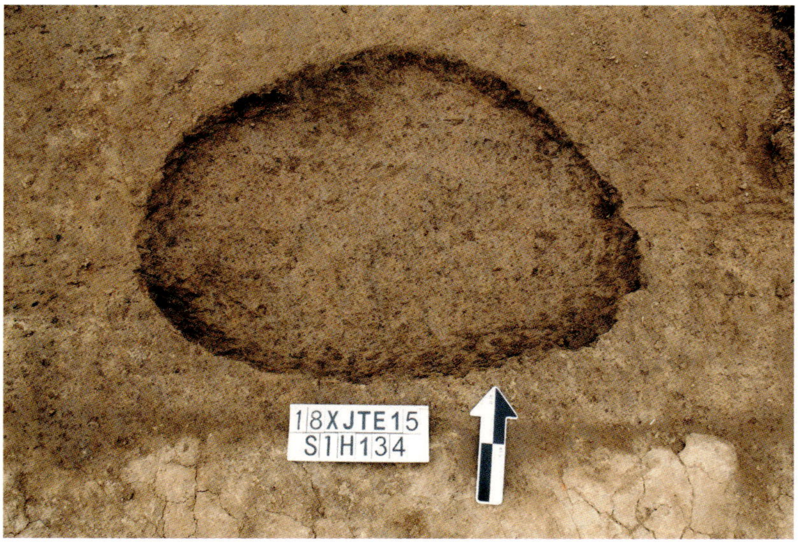

3. H134清理后

彩版二一〇　H133、H134

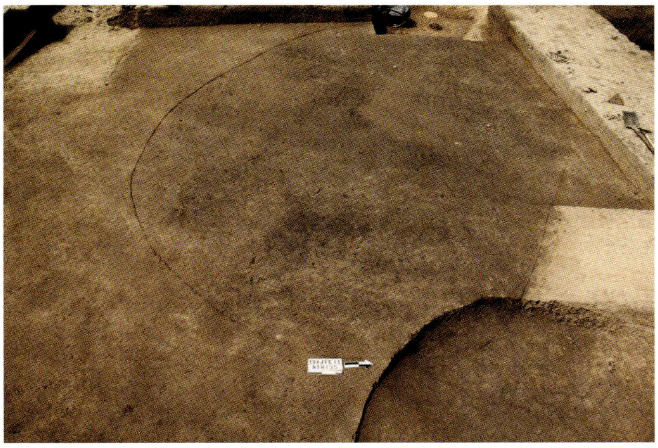

1. H135清理前

2. H135清理后（底部露出H137）

3. 石镞H135：1

4. 砺石H135：2

5. 砺石H135：3

6. 砺石H135：4

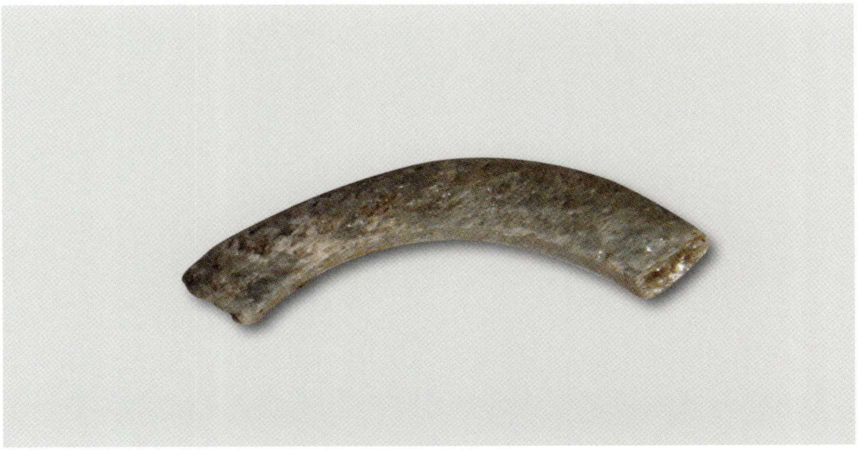

7. 石环H135：9

彩版二一一　H135及出土遗物

1. H136剖面

2. H136清理后

彩版二一二　H136

1. 石斧H136：1

2. 砺石H136：3

3. 陶器盖H136：4

4. 陶鬶足H136：7

5. 陶鼎足H136：9

6. 陶罐口沿H136：10

7. 陶鼎足H136：11

8. 陶鼎足H136：12

彩版二一三　H136出土遗物

1. H137

2. 陶罐底H137：3

3. 陶器盖H137：5

4. 陶鬶足H137：9

5. H138清理前

6. H139

彩版二一四　H137～H139及出土遗物

1. 陶器盖H139：1

2. 砺石H139：2

3. 砺石H139：3

4. 陶鼎足H139：4

5. 陶鼎足H139：5

6. 陶鼎足H139：6

7. 陶鼎足H139：7

8. 陶罐口沿H139：9

彩版二一五　H139出土遗物

1. H140

2. 砺石H140：1

3. 砺石H140：2

4. H141

5. H142、H143

彩版二一六　H140~H143及出土遗物

1. H144清理后

2. 砺石H144：1

3. 陶器盖H144：6

4. H145

5. H146

6. H147剖面

7. H148

彩版二一七　H144～H148及出土遗物

1. H149

2. 砺石H149：1

3. H150清理后

4. H151清理后

5. H152

6. H153

彩版二一八　H149~H153及出土遗物

1. H154

3. 陶杯H155：1

4. 陶鬶足H155：2

2. H156

5. 陶鬶把手H155：3

彩版二一九　H154、H156及H155出土遗物

1. G2发掘前

2. G2发掘后

3. 残石器G2：1

4. 砺石G2：2

彩版二二〇　G2及出土遗物

1. TE16N1东半部G3发掘前（镜向东南）

2. G4发掘前

3. G4发掘后

彩版二二一　G3、G4

1. G5清理前

2. G5清理后

彩版二二二　G5

1. G7清理前

2. G7清理后

彩版二二三　G7

1. G14清理后

2. G16清理前

3. G17

4. 陶垫G17：1

彩版二二四　G14、G16、G17及出土遗物

1. 北区航拍全景（上为西北）

2. TE5N27东壁剖面

3. 石锛TE5N28②：1

4. 石刀TE5N28③：1

5. 石刀TE5N28③：2

6. 陶纺轮TE5N28④：1

7. 陶鼎足TE5N28④：2

彩版二二五　北区地层出土遗物

1. 石锛TE5N28⑤：1

2. 陶纺轮TE5N28⑤：2

3. 陶鼎足TE5N28⑥a：1

4. 陶鼎足TE5N28⑥a：2

5. 陶鼎足TE5N28⑥a：3

6. 石斧TE5N28⑥b：1

彩版二二六　北区地层出土遗物

1. 北区航拍全景（上为西北）

2. TE5N27东壁剖面

3. 石锛TE5N28②：1

4. 石刀TE5N28③：1

5. 石刀TE5N28③：2

6. 陶纺轮TE5N28④：1

7. 陶鼎足TE5N28④：2

彩版二二五　北区地层出土遗物

1. 石锛TE5N28⑤：1

2. 陶纺轮TE5N28⑤：2

3. 陶鼎足TE5N28⑥a：1

4. 陶鼎足TE5N28⑥a：2

5. 陶鼎足TE5N28⑥a：3

6. 石斧TE5N28⑥b：1

彩版二二六　北区地层出土遗物

1. 砺石TE5N28⑥b：2

2. 骨锥TE5N28⑥c：1

3. 石纺轮TE5N27③：1

4. 陶纺轮TE5N27④：1

5. 陶盆TE5N27④：3

6. 陶盆TE5N27④：4

彩版二二七　北区地层出土遗物

1. 陶杯TE5N27④：5

2. 陶盆TE5N27④：6

3. 陶盆TE5N27④：7

4. 陶片TE5N27④：8

5. 陶鼎足TE5N27④：9

6. 陶鼎足TE5N27④：10

彩版二二八　北区地层出土遗物

1. 陶片TE5N27④：12

2. 陶纺轮TE5N27⑤：1

3. 陶罐TE5N27⑥a：1

4. 陶盆TE5N27⑥a：6

5. 陶鼎足TE5N27⑥a：8

6. 陶鼎足TE5N27⑥a：8

彩版二二九　北区地层出土遗物

1. 陶鼎足TE5N27⑥a：9

2. 陶鼎足TE5N27⑥a：10

3. 陶鼎TE5N27⑥a：10

4. 陶杯TE5N27⑥a：12

5. 陶腹片TE5N27⑥a：13

6. 陶盆TE5N27⑥b：1

彩版二三〇　北区地层出土遗物

1. 陶盆TE5N27⑥b：2

2. 陶盆TE5N27⑥b：3

3. 陶鼎足TE5N27⑥b：5

4. 陶鼎足TE5N27⑥b：5

5. 陶鼎足TE5N27⑥b：6

6. 陶鼎足TE5N27⑥b：7

7. 陶鼎足TE5N27⑥b：8

8. 陶鼎足TE5N27⑥b：8

彩版二三一　北区地层出土遗物

1. 陶罐TE5N27⑥c：1

2. 陶腹片TE5N27⑥c：3

3. 陶鼎足TE5N27⑥c：4

4. 陶罐TE5N27⑥c：6

5. 陶罐TE5N27⑥c：7

6. 陶圈足TE5N27⑥c：8

7. 陶罐TE5N27⑥c：9

8. 石锛TE4N27②：1

9. 石斧TE4N27③：1

彩版二三二　北区地层出土遗物

1. 陶纺轮TE5N26④：1

2. 石斧TE5N26④：2

3. 石斧TE5N26④：3

4. 玉管TE5N26⑤：1

5. 陶纺轮TE5N26⑥：1

6. 陶豆TE5N26⑥：2

7. 陶罐TE5N26⑦：1

8. 陶鼎TE5N26⑦：2

彩版二三三　北区地层出土遗物

1. 骨锥TE4N26②：1

2. 石斧TE4N26④：1

3. 石斧TE4N26④：2

4. 陶纺轮TE4N26④：3

5. 石斧TE4N26④：4

6. 陶鼎足TE4N26④：6

7. 玉锥TE4N26⑤：1

8. 砺石TE4N26⑤：2

彩版二三四　北区地层出土遗物

1. 陶鼎足TE4N26⑤：3

2. 陶鼎足TE4N26⑤：4

3. 砺石TE4N26⑥：1

4. 石网坠TE4N26⑥：2

5. 陶鼎足TE4N26⑥c：3

6. 石钺TE4N26⑦：1

7. 陶鼎足TE4N26⑦：2

8. 陶鼎足TE4N26⑦：3

彩版二三五　北区地层出土遗物

1. M37发现时（镜向西）

2. M37

彩版二三六　M37

1. 陶豆M37：1出土情况（镜向北）

2. 陶器M37：2～4出土情况（镜向北）

3. 陶器M37：5～7出土情况（镜向北）

4. 陶豆M37：3

5. 陶背壶M37：8

彩版二三七　M37及出土遗物

1. 陶鬶M37：2

2. 陶鬶M37：2

3. M41、M42（镜向北）

彩版二三八　M41、M42及M37出土遗物

1. M43清理前（镜向东南）

2. M43（镜向东）

3. 陶圈足杯M43：2

4. 陶鼎M43：3

5. 陶器盖M43：4

6. 陶豆M43：9

7. 小陶罐M43：11

彩版二三九　M43及出土遗物

1. M44、M45清理前（镜向东）

2. M44（镜向北）

3. 陶鼎M44：1

彩版二四〇　M44及出土遗物

1. M45清理前（镜向北）

2. M45（镜向南）

3. 陶鼎M45：1

彩版二四一　M45及出土遗物

1. M49（镜向北）

2. M50（上为南）

彩版二四二　M49、M50

1. M51初次划定墓坑范围（镜向东）

2. M51初次划定墓坑清理后

3. M51二次划定墓坑范围（镜向北）

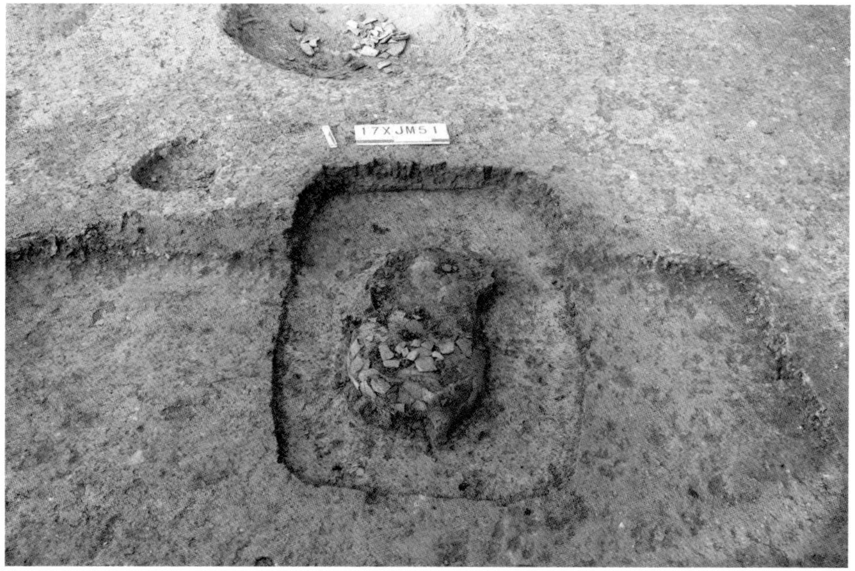

4. M51清理后（镜向北）

彩版二四三　M51

1. 房址全景（镜向东北）

2. 房址全景（镜向西南）

彩版二四四　北区房址

1. F6柱洞清理后（镜向北）

2. F7清理前（镜向东南）

彩版二四五　F6、F7

1. F8西南部（镜向东北）

2. F8中南部（镜向西北）

彩版二四六　F8

1. F8、F10、F14基槽剖面（镜向北）

3. F8基槽解剖（镜向东）

2. F8基槽解剖（镜向北）

4. F8柱洞解剖

1. F8ZK1二分之一解剖（镜向北）

2. F8ZK2清理前

3. F8ZK2 二分之一解剖（镜向北）

彩版二四八　F8

1. F9全景（镜向东北俯视）

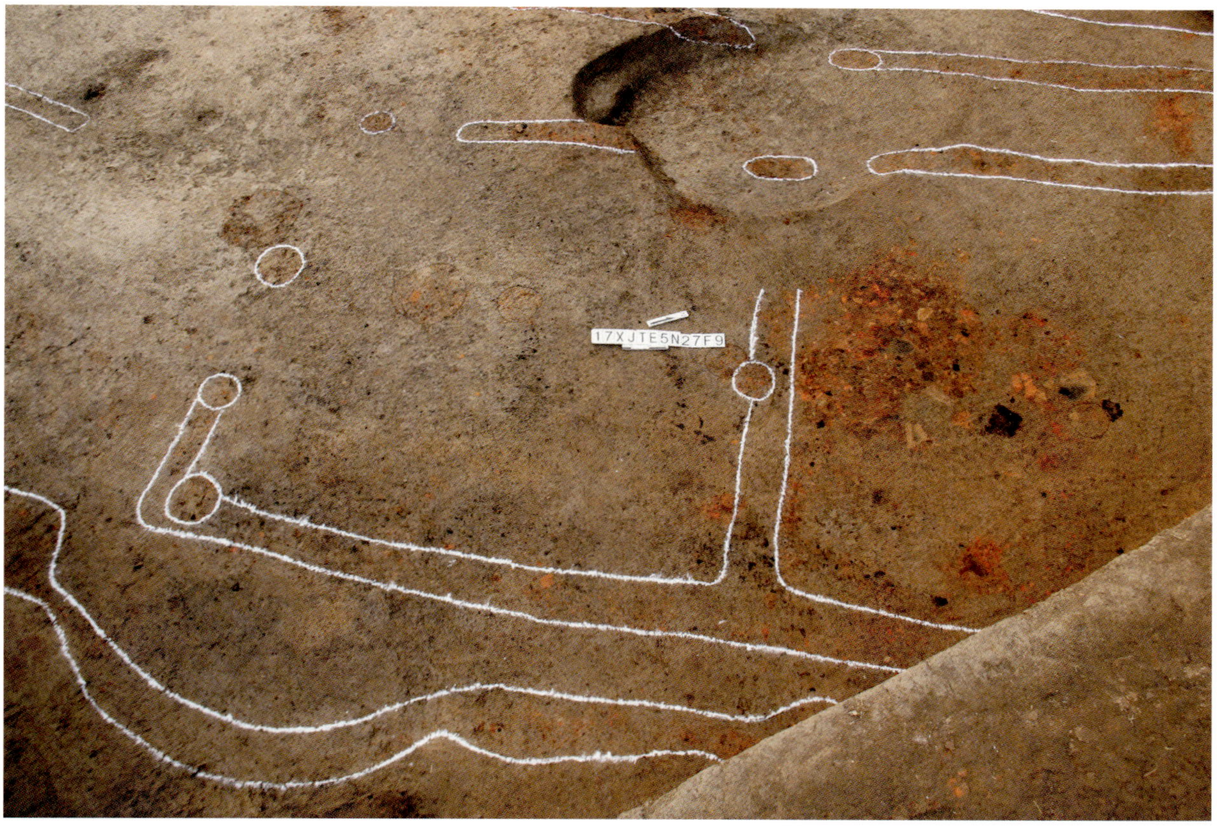

2. F9（镜向西）

彩版二四九　F9

1. F9中部基槽解剖

2. F9东南角基槽解剖

1. F10（镜向西北）

2. F11南基槽西段（镜向北）

彩版二五一　F10、F11

1. F12（镜向东南）

2. F12基槽剖面

3. F13（镜向东南）

1. H74（镜向北）

2. H74出土器物

彩版二五三　H74

1. 石斧H74：1

2. 陶纺轮H74：2

3. 玉饰H74：3

4. 石镞H74：4

5. 石斧H74：5

6. 石斧H74：5

7. 石斧H74：5

8. 陶纺轮H74：7

彩版二五四　H74出土遗物

1. H74（镜向北）

2. H74出土器物

彩版二五三　H74

1. 石斧H74：1

2. 陶纺轮H74：2

3. 玉饰H74：3

4. 石镞H74：4

5. 石斧H74：5

6. 石斧H74：5

7. 石斧H74：5

8. 陶纺轮H74：7

彩版二五四　H74出土遗物

1. 陶杯H74：9

2. 陶鼎足H74：11

3. 陶鼎足H74：12

4. 陶鼎足H74：13

5. 陶罐H74：10

6. 陶罐H74：14

彩版二五五　H74出土遗物

1. H75（镜向东）

2. H80（镜向东）

彩版二五六　H75、H80

1. H81清理前（镜向北）

2. H81剖面（镜向东）

3. H81清理后（镜向东北）

彩版二五七　H81

1. 陶管H81：1

2. 石镞H81：2

3. 石锛H81：3

4. 石斧H81：4

5. 陶缸H81①：8

6. 陶杯圈足H81①：9

7. 陶缸H81②：12

8. 陶鼎足H81③：16

彩版二五八　H81出土遗物

1. 陶盆H81③：19

2. 陶鼎足H81③：20

3. 陶鼎足H81③：21

4. 陶罐腹片H81③：22

5. 陶盆H81④：23

6. 陶杯H81④：24

7. 陶鼎足H81④：26

8. 陶鼎足H81④：27

彩版二五九　H81出土遗物

1. 陶鼎足H81④：28

2. 陶鼎足H81⑤：30

3. 陶腹片H81⑤：32

4. 陶鼎足H81⑤：33

5. 陶鼎足H81⑤：33

6. 陶鼎足H81⑥：41

7. H88清理后

彩版二六〇　H88及H81出土遗物

1. H89（镜向西北）

2. H90（镜向西北）

3. H91（镜向东北）

彩版二六一　H89~H91

1. H92剖面（镜向东）

2. H92清理后（镜向东北）

3. 石钻H92：1

4. 石钻H92：1

5. 石钻H92：1

彩版二六二　H92及出土遗物

1. H93清理前（镜向东）

2. H93清理后（镜向西）

3. 陶纺轮H93：1

4. 陶鼎足H93：2

5. 陶盆H93：4

彩版二六三　H93及出土遗物

1. H94剖面（镜向西）

2. H94清理后（镜向西）

3. 陶钵H94：3

彩版二六四　H94及出土遗物

1. H95（镜向西）

2. 陶鼎足H95：2

3. H96（镜向西）

彩版二六五　H95、H96及出土遗物

1. H97（镜向东北）

2. 陶鼎足H97：2

3. H111（镜向北）

彩版二六六　H97、H111及出土遗物

1. H112（镜向东）

2. 陶缸H112：1

3. 陶鼎足H112：5

4. H113（镜向西）

彩版二六七　H112、H113及出土遗物

1. H114（镜向北）

2. 石镞H114：1

3. 砺石H114：3

4. H115（镜向西北）

5. 陶罐H115：6

彩版二六八　H114、H115及出土遗物

1. H117（镜向北）

2. H118（上为东）

3. H119（镜向北）

彩版二六九　H117~H119

1. H120（镜向东）

2. 砺石H120：1

3. 砺石H120：1

4. 陶罐H120：2

5. 陶鼎足H120①：8

彩版二七○　H120及出土遗物

1. H122清理前（镜向南）

2. H122清理后（镜向北）

3. 陶纺轮H122：1

4. 陶纺轮H122：1

5. 陶罐H122：2

彩版二七一　H122及出土遗物

1. 陶豆H122：3

2. 陶鼎H122：4

3. 陶盆H122：5

4. 陶鼎足H122：6

5. 陶鼎足H122：8

6. 陶鼎足H122：9

7. 陶鼎足H122：10

8. 陶豆H122：12

彩版二七二　H122出土遗物

1. H129（上为北）

2. H129清理后（镜向南）

3. H130（镜向东）

彩版二七三　H129、H130

1. 西区发掘区全景（上为东）

2. 西区发掘区全景（上为西）

彩版二七四　西区发掘区全景

1. 西一区全景（上为东）

2. 西二区全景（上为东）

彩版二七五　西区遗迹

1. TW20N2东壁

2. M22发掘前

3. M22清理后

彩版二七六　西区TW20N2与M22

1. 陶盆M22：1

2. 陶盆M22：2

3. 陶壶M22：4

4. 陶器盖M22：5

5. 陶纺轮M22：6

6. 残骨器M22：7

7. H52清理后

彩版二七七　M22出土遗物与H52

1. H54清理前

2. H54清理后

3. 陶鼎足H54：2

4. H67清理后

5. 陶筒形罐H67：2

彩版二七八　H54、H67及出土遗物

1. G6清理前（镜向东北）

2. G6清理完（镜向东）

3. G6清理完（镜向东北）

彩版二七九　G6

1. 残石器G6①：1

2. 陶罐G6②：2

3. 陶盆G6②：3

4. 陶豆G6②：4

5. 陶壶G6②：5

6. 陶杯G6②：6

7. 陶杯G6②：6

8. 陶杯G6②：6

彩版二八〇　G6出土遗物

1. 陶大口尊G6②：7

2. 陶大口尊G6②：8

3. 陶大口尊G6②：9

4. 陶大口尊G6②：10

5. 陶罐G6②：12

6. 陶圈足G6②：13

7. 陶圈足G6②：13

8. 陶豆圈足G6②：14

彩版二八一　G6出土遗物

1. 陶鬶足G6②：15

2. 陶盆G6②：16

3. 陶盆G6②：16

4. 陶鼎G6②：17

5. 陶大口尊G6②：18

6. 陶杯圈足G6②：19

7. 陶鼎足G6②：20

8. 陶鼎G6②：21

彩版二八二　G6出土遗物

1. 小陶杯G6③：22

2. 陶管形器G6③：23

3. 陶管形器G6③：23

4. 砺石G6③：24

5. 砺石G6③：24

6. 砺石G6③：24

7. 砺石G6③：25

8. 砺石G6③：25

彩版二八三　G6出土遗物

1. 陶鼎G6③：26

2. 陶鼎G6③：26

3. 陶器盖G6③：27

4. 陶器盖G6③：28

5. 陶器盖G6③：28

6. 陶壶G6③：29

7. 陶器盖G6③：30

8. 陶罐G6③：31

彩版二八四　G6出土遗物

1. 陶杯G6④：32

2. 石镞G6④：33

3. 陶壶G6④：34

4. 陶纺轮G6④：35

5. 砺石G6④：36

6. 砺石G6④：37

7. 砺石G6④：37

彩版二八五　G6出土遗物

1. 砺石G6④：38

2. 砺石G6④：38

3. 砺石G6④：39

4. 砺石G6④：39

5. 陶杯G6④：40

6. 陶器盖G6④：41

7. 陶豆G6④：42

8. 陶豆G6④：43

彩版二八六　G6出土遗物

1. 陶罐G6④：44

2. 陶罐G6④：45

3. 陶筒形器G6④：46

4. 陶筒形器G6④：46

5. 陶筒形器G6④：47

6. 陶鼎足G6④：49

7. 陶鼎足G6④：49

8. 陶鼎足G6④：49

彩版二八七　G6出土遗物

1. 陶壶G6④：52

2. 陶罐G6④：53

3. 陶罐G6④：54

4. 陶缸口沿G6④：56

5. 陶箅G6④：57

6. 陶觚形杯G6④：59

7. 陶鼎足G6④：58

8. 石钺G6④：60

彩版二八八　G6出土遗物

1. 陶纺轮G6⑤：61

2. 陶纺轮G6⑤：62

3. 石刀G6⑤：63

4. 砺石G6⑤：64

5. 陶缸G6⑤：65

6. 陶罐G6⑤：66

7. 陶壶G6⑤：67

8. 陶器耳G6⑤：69

彩版二八九　G6出土遗物

1. 陶壶G6⑤：70

2. 陶杯G6⑤：71

3. 陶杯G6⑤：72

4. 陶豆G6⑤：73

5. 陶鼎足G6⑤：74

6. 陶鼎足G6⑤：74

7. 陶盆G6⑤：75

8. 陶罐G6⑤：77

彩版二九○　G6出土遗物

1. 陶鼎足G6⑤：79

2. 陶鼎足G6⑤：80

3. 陶圈足G6⑤：81

4. 陶壶G6⑤：82

5. 陶盆G6⑤：83

6. 陶壶G6⑤：84

7. 陶盆G6⑤：85

8. 陶盆G6⑤：86

彩版二九一　G6出土遗物

1. 陶支座G6⑤：88

2. 小陶罐G6⑤：89

3. 陶鼎足G6⑤：90

4. 陶鼎足G6⑤：90

5. 陶鼎足G6⑤：90

6. 陶鼎足G6⑤：91

7. 陶鼎足G6⑤：92

8. 陶鼎足G6⑤：93

彩版二九二　G6出土遗物

1. 陶鼎足G6⑤：94

2. 陶鼎足G6⑤：94

3. 陶鼎足G6⑤：95

4. 陶鼎足G6⑤：96

5. 陶筒形器G6⑤：97

6. 陶筒形器G6⑤：98

7. 陶筒形器G6⑤：98

8. 陶筒形器G6⑤：98

彩版二九三　G6出土遗物

1. 陶筒形器G6⑤：99

2. 陶缸G6⑤：100

3. 陶杯G6⑤：101

4. 陶罐G6⑤：102

5. 陶罐G6⑤：102

6. 陶罐G6⑤：103

7. 陶盆G6⑤：104

8. 陶盆G6⑤：105

彩版二九四　G6出土遗物

1. 陶杯G6⑥：106

2. 陶盆G6⑥：107

3. 陶纺轮G6⑥：108

4. 陶筒形器G6⑥：109

5. 陶筒形器G6⑥：109

6. 陶杯G6⑥：110

7. 陶壶G6⑥：111

8. 陶罐G6⑥：112

彩版二九五　G6出土遗物

1. 陶罐G6⑥：113

2. 陶壶G6⑥：114

3. 陶杯G6⑥：115

4. 陶杯G6⑥：115

5. 陶刻槽盆G6⑥：116

6. 陶盆G6⑥：117

7. 陶盆G6⑥：118

8. 陶盆G6⑥：119

彩版二九六　G6出土遗物

1. 陶盆G6⑥：120

2. 陶盆G6⑥：120

3. 陶盆G6⑥：121

4. 陶盆G6⑥：122

5. 陶大口尊G6⑥：123

6. 陶大口尊G6⑥：123

7. 陶杯G6⑥：124

8. 陶鼎足G6⑥：126

彩版二九七　G6出土遗物

1. 陶鼎足G6⑥：127

2. 陶鼎足G6⑥：127

3. 陶鼎足G6⑥：127

4. 陶鬶把手G6⑥：128

5. 陶鼎足G6⑥：129

6. 陶鼎足G6⑥：129

7. 陶鼎足G6⑥：129

8. 陶鼎足G6⑥：129

彩版二九八　G6出土遗物

1. 陶杯G6⑦：130

2. 石斧G6⑦：131

3. 石斧G6⑦：131

4. 骨锥G6⑦：132

5. 石锥G6⑦：133

6. 陶筒形器G6⑦：134

7. 陶筒形器G6⑦：135

8. 陶筒形器G6⑦：135

9. 陶纺轮G6⑦：136

彩版二九九　G6出土遗物

1. 陶纺轮G6⑦：137

2. 砺石G6⑦：138

3. 陶纺轮G6⑦：139

4. 石器残片G6⑦：140

5. 陶杯G6⑦：141

6. 陶鬶G6⑦：142

7. 陶锥G6⑦：143

8. 陶钵G6⑦：144

彩版三〇〇　G6出土遗物

1. 陶壶G6⑦：146

2. 陶罐G6⑦：147

3. 陶罐G6⑦：147

4. 陶壶G6⑦：148

5. 陶罐G6⑦：149

6. 陶罐G6⑦：150

7. 陶鼎足G6⑦：151

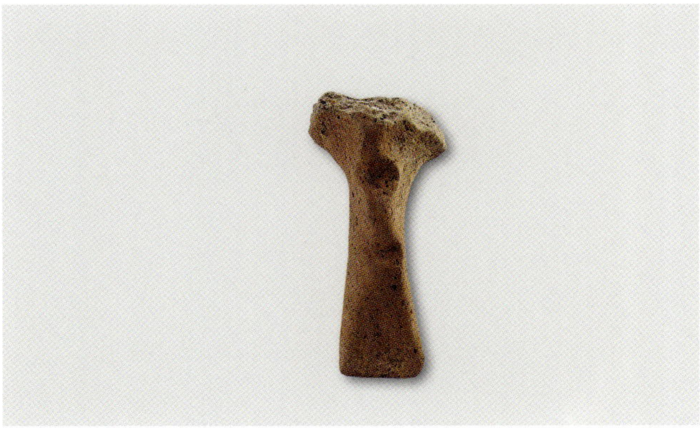

8. 陶鼎足G6⑦：152

彩版三〇一　G6出土遗物

1. 陶鼎足G6⑦：154

2. 陶壶G6⑦：155

3. 陶罐G6⑦：156

4. 陶罐G6⑦：159

5. 陶壶G6⑦：161

6. 陶圈足G6⑦：162

彩版三〇二　G6出土遗物

1. 陶筒形器G6⑦：163

2. 陶筒形器G6⑦：164

3. 陶杯G6⑦：165

4. 陶鼎足G6⑦：166

5. 陶鼎足G6⑦：166

6. 陶鼎足G6⑦：167

7. 陶鼎足G6⑦：167

8. 陶筒形器G6⑦：168

彩版三〇三　G6出土遗物

1. TW22S3北壁

2. TW23S6清理后（镜向西）

3. 西二区发掘后（镜向北）

4. 砺石TW23S6 ⑤：1

5. 石环TW23S6 ⑤：2

彩版三〇四　西二区及出土遗物

1. M3、M4清理前（左为M3，右为M4，镜向西）

2. M3

3. M3器物（俯视）

4. 陶豆M3：2

彩版三〇五　M3及出土遗物

1. M4清理前（镜向东）

2. M4清理后

3. 陶罐M4：1

4. 陶罐M4：2

彩版三〇六　M4及出土遗物

1. 西三区航拍（上为南）

2. G8红烧土初露并扩方（镜向西）

彩版三〇七　西三区

1. 陶罐TW29S11①：1

2. 陶罐TW29S11①：2

3. 陶杯TW29S11①：3

4. 陶豆TW29S11①：5

5. 陶器耳 TW29S11①：7

6. 彩陶片TW29S11①：6

7. 石器TW29S11③：1

8. 石斧残片TW29S11 ③：2

彩版三〇八　TW29S11地层出土遗物

1. 骨管TW29S11③：3

2. 陶器盖TW29S11③：4

3. 陶鼎足TW29S11③：11

4. 陶鼎足TW29S11③：11

5. 石斧TW29S11④：1

6. 石斧TW29S11④：1

7. 陶杯TW29S11④：6

8. 彩陶片TW29S11④：9

彩版三〇九　TW29S11地层出土遗物

1. G8解剖发掘

2. G8解剖发掘后（镜向西）

彩版三一〇　G8

1. G8解剖清理后（镜向南）

2. G8出土多层墙皮

3. G8出土白灰面墙皮

1. 陶罐G8②：1

2. 陶罐G8②：2

3. 陶罐G8②：4

4. 陶盆G8②：8

5. 陶鼎足G8②：10

6. 陶鼎足G8②：11

7. 陶鼎足G8②：11

8. 陶杯G8②：12

彩版三一二　G8出土遗物

1. 陶杯G8②：13

2. 陶杯G8②：14

3. 陶杯G8②：15

4. 陶罐G8④：1

5. 陶鼎足G8④：6

6. 陶鼎足G8④：7

7. 陶纺轮G8⑤：6

8. 小陶罐G8⑤：10

彩版三一三　G8出土遗物

1. 陶缸G8⑤：12

2. 陶豆柄G8⑤：13

3. 陶豆G8⑤：15

4. 陶杯圈足G8⑤：17

5. 陶杯G8⑤：18

6. 彩陶片G8⑤：19

7. 彩陶片G8⑤：20

8. 彩陶盆口G8⑤：21

彩版三一四　G8出土遗物

1. 陶器盖G8⑥：1

2. 陶盆G8⑥：2

3. 陶鼎足G8⑥：4

4. 陶鼎足G8⑥：5

5. 陶鼎足G8⑥：5

6. 陶器盖G8⑥：7

7. 彩陶杯G8⑥：6

8. 彩陶杯G8⑥：6

彩版三一五　G8出土遗物

1. 陶纺轮G8⑦：1

2. 陶纺轮G8⑦：2

3. 骨锥G8⑦：3

4. 骨锥G8⑦：4

5. 陶筒形器G8⑦：5

6. 陶筒形器G8⑦：5

7. 陶豆G8⑦：8

8. 陶豆G8⑦：8

彩版三一六　G8出土遗物

1. 陶刻槽盆G8⑦：9

2. 陶刻槽盆G8⑦：9

3. 陶缸G8⑦：11

4. 陶底座G8⑦：12

5. 陶豆圈足G8⑦：13

6. 陶豆圈足G8⑦：14

7. 陶筒形器G8⑦：15

8. 陶圈足G8⑦：16

彩版三一七　G8出土遗物

1. 陶豆G8⑦：17

2. 陶豆G8⑦：17

3. 陶器盖G8⑦：18

4. 陶杯G8⑦：19

5. 陶鼎足G8⑦：20

6. 陶鼎足G8⑦：21

7. 陶鼎足G8⑦：22

8. 陶鼎足G8⑦：23

彩版三一八　G8出土遗物

1. 陶鼎足G8⑦：24

2. 陶鼎足G8⑦：25

3. 陶鼎足G8⑦：26

4. 陶鼎足G8⑦：27

5. 陶鼎足G8⑦：28

6. 陶鼎足G8⑦：28

7. 陶鼎足G8⑦：29

8. 彩陶盆G8⑦：31

彩版三一九　G8出土遗物

1. 彩陶盆G8⑦：32

2. 彩陶片G8⑦：33

3. 彩陶片G8⑦：34

4. 彩陶片G8⑦：35

彩版三二〇　G8出土遗物

1. 彩陶壶G8⑦：30

2. 彩陶壶G8⑦：30

3. 彩陶壶G8⑦：30

彩版三二一　G8出土遗物

1. 陶壶H1③：01

2. 砺石H1③：02

3. 石镞H1③：03-1

4. 圆陶片H1③：03-2

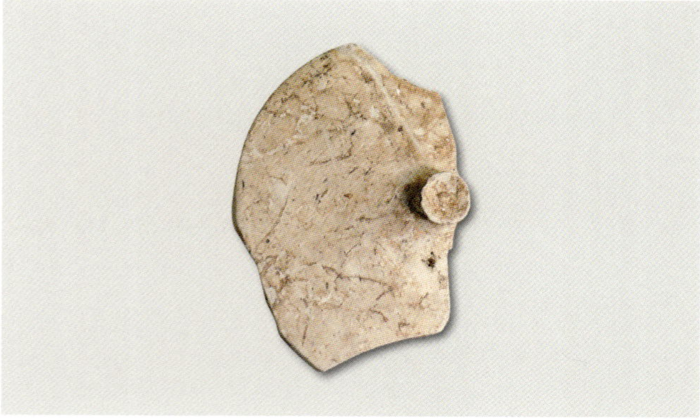

5. 陶器盖H1③：04

6. 陶罐H1③：05

7. 砺石H1③：06

8. 石杵H1：07

彩版三二二　金寨遗址1991年西区H1出土遗物

1. 砺石H1③A：08

2. 陶纺轮H1③：09

3. 石斧H1③：10

4. 陶陀螺形器H1③：11

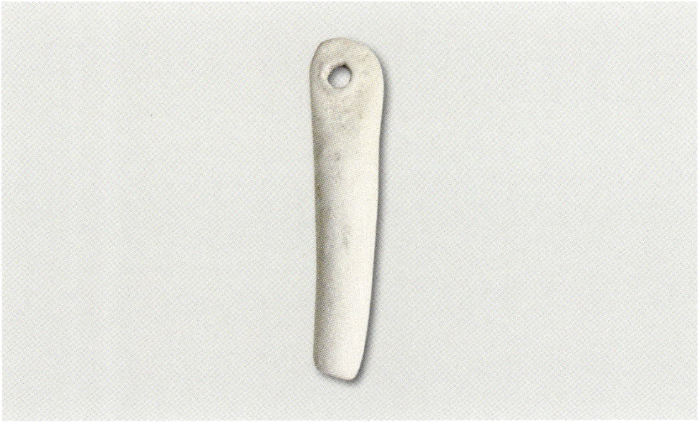

5. 陶针H1③：12

6. 陶杯H1③A：13

7. 陶鼎H1③：16

彩版三二三　金寨遗址1991年西区H1出土遗物

1. 陶纺轮H310：01

2. 石刀H310：02

3. 砺石条H310：03

4. 石钻H321：1

5. 石钻H321：2

6. 石斧H322：02

7. 砺石H322：03

8. 陶豆把T1417⑥：01

9. 陶纺轮T1417⑥：02-1

10. 陶纺轮T1417⑥：02-2

彩版三二四　金寨遗址1991年东北区出土遗物

1. 陶器盖T1417⑥：03

2. 陶韩瓶T1418②：01-1

3. 陶韩瓶T1418②：01-2

4. 石刀T1418⑦：03

5. 陶纺轮T1418⑧：02

6. 陶纺轮T1517⑥：01

7. 陶纺轮T1518④：01

8. 石刀T1518⑦：04

彩版三二五　金寨遗址1991年东北区出土遗物

1. 杨堡陶鼎足SY：1

2. 杨堡陶鼎足SY：2

3. 古台寺陶器口沿SG：1

4. 古台寺陶器鋬SG：2

5. 古台寺陶鼎足SG：3

6. 古台寺陶碗底SG：4

7. 花家寺陶鼎口沿XH：1

8. 花家寺陶鼎足XH：2

9. 花家寺陶鬶把手XH：6

10. 花家寺陶杯把手XH：8

11. 花家寺陶鼎足XH：9

12. 花家寺陶鬶足XH：10

彩版三二六　金寨遗址周边先秦遗址出土遗物